BEI GRIN MACHT SICH IHR WISSEN BEZAHLT

Tanja Schill

Johann Wolfgang von Goethe: "Dauer im Wechsel". Eine Interpretation

Erkenntnisweg des lyrischen Ichs, eigener Erkenntnisweg, Erkenntnisweg wissenschaftlicher Hermeneutik - gibt es Parallelen?

GRIN Verlag

Bibliografische Information der Deutschen Nationalbibliothek:

Die Deutsche Bibliothek verzeichnet diese Publikation in der Deutschen National-
bibliografie; detaillierte bibliografische Daten sind im Internet über http://dnb.d-
nb.de/ abrufbar.

Impressum:

Copyright © 2013 GRIN Verlag GmbH
Druck und Bindung: Books on Demand GmbH, Norderstedt Germany
ISBN: 978-3-656-53764-9

Dieses Buch bei GRIN:

http://www.grin.com/de/e-book/264247/johann-wolfgang-von-goethe-dauer-im-
wechsel-eine-interpretation

GRIN - Your knowledge has value

Der GRIN Verlag publiziert seit 1998 wissenschaftliche Arbeiten von Studenten, Hochschullehrern und anderen Akademikern als eBook und gedrucktes Buch. Die Verlagswebsite www.grin.com ist die ideale Plattform zur Veröffentlichung von Hausarbeiten, Abschlussarbeiten, wissenschaftlichen Aufsätzen, Dissertationen und Fachbüchern.

Besuchen Sie uns im Internet:

http://www.grin.com/

http://www.facebook.com/grincom

http://www.twitter.com/grin_com

Tanja Schill

Hausarbeit im Proseminar I der Neueren deutschen Literatur
(Schwerpunkt: Lyrik)

Thema

Johann Wolfgang von Goethe :„Dauer im Wechsel"

Inhalt:

„*Dauer im Wechsel*" von Johann Wolfgang von Goethe

1. Metrische Umschrift, Kadenz- und Reimschema des Gedichtes

Metrische Umschrift des Gedichts	Kadenzschema	Reimschema
|X́ X |X́ X |X́ X |X́ X|	Weibliche Kadenz	a
|X́ X |X́ X |X́ X |X́ |	Männliche Kadenz	b
|X́ X |X́ X |X́ X |X́ X |	Weibliche Kadenz	a
|X́ X |X́ X |X́ X |X́|	Männliche Kadenz	b
|X́ X |X́ X |X́ X |X́X |	Weibliche Kadenz	c
|X́ X |X́ X |X́ X |X́|	Männliche Kadenz	d
|X́ X |X́ X |X́ X |X́ X |	Weibliche Kadenz	c
|X́ X |X́ X |X́ X |X́|	Männliche Kadenz	d
|X́ X |X́ X |X́ X |X́ X |	Weibliche Kadenz	e
|X́ X |X́ X |X́ X |X́|	Männliche Kadenz	f
|X́ X |X́ X |X́ X |X́ X |	Weibliche Kadenz	e
|X́ X |X́ X |X́ X |X́|	Männliche Kadenz	f
|X́ X |X́ X |X́ X |X́ X |	Weibliche Kadenz	g
|X́ X |X́ X |X́ X |X́|	Männliche Kadenz	h
|X́ X |X́ X |X́ X |X́ X |	Weibliche Kadenz	g
|X́ X |X́ X |X́ X |X́|	Männliche Kadenz	h
|X́ X |X́ X |X́ X |X́ X |	Weibliche Kadenz	i
|X́ X |X́ X |X́ X |X́|	Männliche Kadenz	j
|X́ X |X́ X |X́ X |X́ X |	Weibliche Kadenz	i
|X́ X |X́ X |X́ X |X́|	Männliche Kadenz	j
|X́ X |X́ X |X́ X |X́ X |	Weibliche Kadenz	k
|X́ X |X́ X |X́ X |X́|	Männliche Kadenz	l
|X́ X |X́ X |X́ X |X́ X |	Weibliche Kadenz	k
|X́ X |X́ X |X́ X |X́|	Männliche Kadenz	l
|X́ X |X́ X |X́ X |X́ X |	Weibliche Kadenz	m
|X́ X |X́ X |X́ X |X́|	Männliche Kadenz	n
|X́ X |X́ X |X́ X |X́ X |	Weibliche Kadenz	m
|X́ X |X́ X |X́ X |X́|	Männliche Kadenz	n
|X́ X |X́ X |X́ X |X́ X |	Weibliche Kadenz	o
|X́ X |X́ X |X́ X |X́|	Männliche Kadenz	p
|X́ X |X́ X |X́ X |X́ X |	Weibliche Kadenz	o
|X́ X |X́ X |X́ X |X́|	Männliche Kadenz	p
|X́ X |X́ X |X́ X |X́ X |	Weibliche Kadenz	q
|X́ X |X́ X |X́ X |X́|	Männliche Kadenz	r
|X́ X |X́ X |X́ X |X́ X |	Weibliche Kadenz	q
|X́ X |X́ X |X́ X |X́|	Männliche Kadenz	r
|X́ X |X́ X |X́ X |X́ X |	Weibliche Kadenz	s
|X́ X |X́ X |X́ X |X́|	Männliche Kadenz	t
|X́ X |X́ X |X́ X |X́ X |	Weibliche Kadenz	s
|X́ X |X́ X |X́ X |X́|	Männliche Kadenz	t

2. Interpretation des Gedichtes

Die in Goethes Gedicht „Dauer im Wechsel" dargestellten und behandelten Inhalte stellen für jedermann – so er sie denn annimmt – eine Herausforderung dar, sich mit dem Spiel zwischen der Dauer und dem Wechsel beziehungsweise mit dem Unvergänglichen und dem Vergänglichen des eigenen Daseins auseinanderzusetzen. Diesem temporalen Aspekt verleiht Goethe im vorliegenden Gedicht ganz besondere Aufmerksamkeit, was bereits in der ersten Strophe deutlich wird. Das lyrische Ich stellt hier die Vergänglichkeit des Lebens beziehungsweise das nicht festhaltbare Dasein in den Mittelpunkt. Es äußert verzweifelt und emotional den Wunsch, die Dinge auch nur „eine Stunde" (1. Strophe, 2. Vers) festhalten zu können. Diese Verzweiflung wird dem Leser auf sprachlicher Ebene durch eine Interjektion vermittelt. Der Wechsel wird hier mit dem der Jahreszeiten (1. Strophe) verglichen, welche einem ewig währenden Kreislauf unterlegen sind. Auch stellt er diesen Wechsel gleich dem einer Pflanze – oder allgemeiner: gleich dem der Natur innerhalb eines Jahres dar: „Diese fangen an zu reifen, und die andern keimen schon" (2. Strophe, 3. und 4. Vers). Diesem Wechsel bedeutet es tapfer zu folgen beziehungsweise – salopp gesagt – hinterherzukommen, was das lyrische Ich mit einer an den Leser gerichteten Interjektion: „Eilig nimm dein Teil davon!"(2. Strophe, 2. Vers) verdeutlicht. Um die Dringlichkeit des notwendig schnellen Handelns eines jeden Individuums besser ausdrücken zu können, wird diese *Anweisung* an den Leser mittels eines Imperativs verstärkt. Es ist wie ein ungehaltener, euphorischer – aber gut gemeiner – Befehl an den Rest der Menschheit, den Moment und das Jetzt voll auszuleben und zu genießen und sich nicht die „Früchte" (2. Strophe, 1. Vers) des Lebens nehmen zu lassen.

Durch die zahlreichen Enjambements wird die Ungehaltenheit des lyrischen Ichs und die Dringlichkeit dieser Erkenntnis für den Leser verdeutlicht, da wir so mitbekommen, wie die Verse ohne größere Pausen ineinander fließen – ja, sich regelrecht jagen, was wiederum den zeitlichen Aspekt und die Euphorie des lyrischen Ichs ins Zentrum rückt. Außerdem wird dem Leser auch eine gewisse sichere Endgültigkeit des vergänglichen Lebens aufgezeigt: „Ach, und in demselben Flusse schwimmst du nicht zum zweiten mal." (2. Strophe, 7. und 8. Vers). Diese vom lyrischen Ich so melancholisch („Ach, [...]") ausgedrückte Wahrheit soll dem Leser vermitteln, dass er jeden Augenblick nutzen und lieben soll, da jeder Atemzug, jeder Moment im Leben ein Unikat ist und immer eines bleiben wird – auch wenn diese Erkenntnis nur schwer zu ertragen ist.

In der ersten Strophe legt das lyrische Ich in seiner Rede eine gewisse Sinnlosigkeit und etwaige Zweifel bezüglich des *carpediem-Mottos* und des Genießens jeden Augenblicks an den Tag („Soll ich mich des Grünen freuen, dem ich Schatten erst verdankt?"; 1. Strophe, 5. und 6. Vers), was durch eine rhetorische Frage unterstrichen wird. Diese Zweifel beziehen sich möglicherweise auf die Frage, warum der Mensch sich denn überhaupt am Hier und Jetzterfreuen soll, wenn dies doch sowieso im nächsten Moment der Vergangenheit angehören wird. Demnach bezweifelt das lyrische Ich hier, dass es sich lohnt, sich an der gerade andauernden Situation, die im nächsten Augenblick schon nicht mehr gegenwärtig und somit auch nicht mehr greifbar sein wird, zu erfreuen.

All diese Ungewissheit des lyrischen Ichs wird in der zweiten Strophe zu Gunsten einer ungehaltenen und starken Überzeugtheit hinsichtlich dessen, dass wir nur einmal leben und dieses Leben vollends ausnutzen sollen, eliminiert. Hier wird nämlich deutlich, dass <u>jedem</u> Menschen ein Teil der „Früchte" („Eilig nimm <u>dein</u> Teil davon!"; 2. Strophe, 1. Vers) gehört und, dass man keine zweite Chance bekommt, sie sich zu eigen zu machen („[…] nicht zum zweitenmal."; 2. Strophe, 8. Vers). Diese Erkenntnis des lyrischen Ichs sprudelt – gleich einem Wasserfall – geradeso aus ihm heraus, was durch das syntaktische Instrument der Enjambements bekräftigt wird.

Der Begriff des „Regengusses" und der des „Flusses" (2. Strophe, 5. und 7. Vers) steht für den ewigen Wandel und den immerwährenden Wechsel im Leben und des Lebens selbst. Gleichzeitig zeigen Worte wie „Regenguss" und „Blütenregen" die starke Naturverbundenheit des lyrischen Ichs. Diese Tatsache zieht sich durch das gesamte Gedicht hindurch.

Ab der 2. Strophe rückt das „Du" in den Vordergrund. So lässt Goethe das Gedicht als einen persönlichen Appell oder Ratschlag für jeden einzelnen Leser und möglicherweise auch für das lyrische Ich selbst erscheinen. Dies wird sogleich am Anfang der dritten Strophe bekräftigt: „Du nun selbst!". Das lyrische Ich stellt ab dieser Strophe nicht mehr die Natur in den Mittelpunkt, sondern setzt den Schwerpunkt auf das vom Menschen Geschaffene („Mauern siehst du, siehst Paläste"; 3. Strophe, 3. und 4. Vers). Gleich im Anschluss geht es um die Sinneswahrnehmungen und den Körper des Menschen („Augen", „Lippen", „Fuß", „Hand").

Im Gegensatz zur ersten und zweiten Strophe wird nun auch das Subjektive mit einbezogen beziehungsweise darauf eingegangen. Denn nicht nur das Objektive wird einem stetigen Wechsel unterzogen, sondern auch der Mensch selbst wandelt sich: er ändert seine Meinung, seinen Blickwinkel und sieht deshalb seine Umwelt „stets mit andern Augen an" (3. Strophe, 4. Vers). Schien eine Komponente dieser Umwelt auch noch so „felsenfest" (3. Strophe, 1.

Vers) gewesen zu sein, so unterliegt sie subjektiv trotzdem diesem ständigen *Wechsel der Anschauung*. Hier wird klar, dass sich alles um den Menschen herum ändert und sich dieser selbst ebenso in einem fortwährenden Wandel befindet.

In der 3. Strophe philosophiert das lyrische Ich mit melancholischem Unterton über seine eigene, schöne Vergangenheit. Diese Melancholie wird beispielsweise in der Wortwahl deutlich: „weggeschwunden" (3. Strophe, 5. Vers). Der Vokal ´u´ wird zur Vermittlung von etwas Traurigem oder generell Negativem verwendet und zeigt dem Leser auf, dass das lyrische Ich nicht mit Freude an sein verflossenes Leben zurückdenken beziehungsweise nur mit Wehmut darüber reflektieren kann. Auch anhand des Rhythmus bekommen wir das Bedauernde und Klagende des lyrischen Ichs zu spüren. Dieser wird allerdings zum Ende hin, also in Richtung des Höhepunktesaufgelockert, wodurch sich der dem Leser vermittelte Gesamteindruck zum Positiven wendet. Am Schluss des Gedichts schwappen die Freude und die Euphorie des lyrischen Ichs geradezu zum Leser über.

Wenden wir den Blick wieder zurück zur dritten Strophe: Hier wird vermittelt, dass die Vergangenheit eine schöne Zeit war, in der das lyrische Ich ohne zu überlegen nach dem in der zweiten Strophe so energisch übermittelten Prinzips des *Hier und Jetzt – Genießens* gelebt hat. Dies wird mit einem Vergleich zwischen Tier und Mensch verdeutlicht: „Sich mit Gemsenfreche maß." (3. Strophe, 8. Vers). Der Begriff „Gemsenfreche" vermittelt dem Leser einen gewissen Hang des lyrischen Ichs zu Übermut und freiheitlichem Leben im Hier und Jetzt. Diese damalige Selbstverständlichkeit des *Lebe den Moment – Mottos* scheint heute etwas zu sein, über was es sich mehr Gedanken macht als damals in der unbeschwerten Jugend.

Lässt man die inhaltliche Komponente außer Acht und wendet sich der sprachlichen Ebene zu, stößt man auf äußerliche Merkmale, die die Dauer beziehungsweise den Wechsel verdeutlichen sollen. So zum Beispiel bei den Versübergängen: Der Übergang von einem ungeraden zu einem geraden Vers ist jeweils gefugt, wobei der Wechsel von einem geraden zu einem ungeraden Vers eine Asynaphie aufweist. Hier werden Dauer und Wechsel sprachlich brillant nebeneinander gestellt. Stoßen zwei betonte Silben („fest" – „Aber"; 1. Strophe, 2./3. Vers) aufeinander, bedeutet das, dass etwas Altes endet und so dem Neuen Platz schafft und ihm nun die Chance gibt zu beginnen. Die Verse fließen in diesem Fall nicht wie *Flüsse* ineinander, sondern stoßen sich bildlich gesehen voneinander ab und bilden somit eine Grenze zueinander. Dies stellt den ständigen Wechsel im Leben dar. Die Dauer wird auf der sprachlichen Ebene genauso stark fokussiert. Trifft eine Senkung auf eine Hebung („Segen" – „Ach"; 1. Strophe, 1./2. Vers), hört man – die Betonung betreffend – kein Ende und keinen Anfang der Verse – sie werden also in eins zusammengezogen (vgl. 5. Strophe, 1. und 2. Vers). Dieses Phänomen spiegelt die Beständigkeit im Dasein wider. Alles fließt ineinander, sodass Enden mit Anfängen verschmelzen. Nach dieser Erkenntnis könnte der Leser das Gedicht als das Dasein selbst betrachten und so zur folgenden Einsicht kommen: erst wenn sich beide – die Dauer und der Wechsel –zusammen und gleichermaßen entfalten können, entsteht das große Ganze, das wir als unser Leben bezeichnen dürfen.

Genauso verhält es sich – weiterhin die sprachliche Ebene betrachtend – mit dem Kadenzschema des Gedichtes. Weibliche und männliche Kadenzen wechseln sich durchgängig ab. Das verdeutlicht einerseits den Wechsel und andererseits die Dauer. Der Wechsel spiegelt sich darin wider, dass jeder zweite Vers mit einer unbetonten beziehungsweise mit einer betonten Silbe endet. Aber auch die Dauer kommt hier zum Zuge: Die strenge Regelmäßigkeit der Abwechslung kann vom Leser sprachlich als die ʹDauer im Wechselʹ verstanden werden, denn hier wird der Wechsel zur Dauer umfunktioniert. Der Wechsel selbst kann als das Große angesehen werden, während sich in ihm die Dauer befindet. Diese Vorstellung der Hierarchie muss jedoch abgeschwächt werden, da das eine Phänomen ohne das andere nicht existieren kann. Somit sind beide gleich zu gewichten, worauf ich am Ende der Interpretation nochmals gezielter eingehen werde.

In der vierten Strophe wird anfangs immer noch der Körper und die Veränderlichkeit dessen in den Mittelpunkt gestellt: „Jene Hand, die gern und milde" (4 Strophe, 1. Vers); „Das gegliederte Gebilde" (4. Strophe, 3. Vers). Auch hier wird die Veränderlichkeit und der Wechsel der Äußerlichkeit, speziell die des Leibes, angesprochen: „Alles ist ein anders nun." (4. Strophe, 4. Vers). Grammatikalisch betrachtet bilden die Verse eins bis vier nur einen Satz, was zur Folge hat, dass sich die vierte Strophe (wie auch die dritte) in zwei Teile spaltet. In der vierten Strophe werden auf diese Art und Weise zwei Gedanken voneinander getrennt. In der zweiten Hälfte dieser Strophe geht es nicht mehr um den Körper, sondern um den Lebenslauf oder allgemein gesagt, um den Lauf der Dinge. Die Verse der letzten Hälfte der vierten Strophe bedürfen einigen Überlegungen und Interpretationen. Im siebten und achten Vers heißt es: „Und was sich an jener Stelle nun mit deinem Namen nennt". Das lyrische Ich könnte sich damit selbst in der jetzigen, heutigen Situation meinen. Des Weiteren folgt ein Vergleich: „Kam herbei wie eine Welle" (4. Strophe, 7. Vers). Der Mensch beziehungsweise das Ich könnte mit einer Welle verglichen werden, welche ihrerseits als die enorme Schnelligkeit der Vergänglichkeit verstanden werden kann. Der Vergleich zeigt wieder die Naturverbundenheit des lyrischen Ichs; es stellt den Menschen und die Natur auf die gleiche Ebene. Im letzten Vers dieser Strophe können wir in „Element" eine Metapher und einen

Euphemismus zugleich finden. Das Element steht für den Tod. Diesem eilen wir mit hoher Geschwindigkeit – wie eine Welle – entgegen. Ein Euphemismus ist es insofern, dass der Dichter die Nennung des unschönen und negativ konnotierten Begriffs *Tod* umgeht. Dies würde hier den nun schon freudigeren und enthusiastischeren Rhythmus verdrängen und die Melancholie wieder aufleben lassen.

Auch finden wir – wie im gesamten Gedicht – Begriffe, die den zeitlichen Aspekt ins Zentrum stellen. Ein Beispiel dafür ist das Verb *eilen*, welches in diesem Kontext („Und so eilt's zum Element"; 4. Strophe, 8. Vers) das im Nu vorübergehende Leben aufzeigen soll. Dem Leser wird hier klargemacht, wie schnell „alles" (vgl.: „Alles ist ein andres nun.") sich ändern und wie schnell das Leben zu Ende sein wird. Es kommt eine gewisse Hetze und Panik auf, die sich durch die zahlreichen Enjambements ungehemmt bis zum Schluss der Strophe ausleben kann. Es scheint, als ob das Leben einem ungebremst *davon rennt*.

Den Höhepunkt in Goethes Gedicht stellt die letzte Strophe dar, was sehr schön am Rhythmus zu beobachten ist. So ruhig und melancholisch das Gedicht anfangs ist, so freudig, ungehalten und euphorisch ist es am Ende.

Im ersten Vers der letzten Strophe wird vom Dichter eine Antithese, die zugleich ein Paradoxon bildet, verwendet: „Laß den Anfang mit dem Ende sich ins e i n s zusammenziehn!" (5. Strophe, 1. und 2. Vers). Hier kommt die immense Freude des lyrischen Ichs über seine Idee beziehungsweise über seine Erkenntnis darüber, wie man es schaffen kann, die Vergänglichkeit zu *besiegen* und im Gegenzug der Unvergänglichkeit Leben einzuhauchen, ans Licht. Diese leicht überschwängliche und paradoxe Idee des Zusammenziehens von Anfang und Ende könnte den Übermut und die Vorfreude des lyrischen Ichs über die bevorstehende Erkenntnis, wie man es anstellen kann, die Unvergänglichkeit, also die Hoffnung auf etwas Andauerndes, zu erfassen und real zu machen. Den Anfang mit dem Ende zu vereinen, bedeutet bildlich gesehen, die Entstehung eines Kreises. Dieser hat weder einen Anfang, noch ein Ende – er steht für die Ewigkeit und zeugt somit von der vom lyrischen Ich so ersehnten Dauer und Unvergänglichkeit. Diese Strophe stellt demnach einen Lichtblick dar und erfüllt die Aufgabe, dem lyrischen Ich und dem Leser Mut zuzusprechen. Die wichtige und endgültige Erkenntnis des lyrischen Ichs besteht darin, dass die Unvergänglichkeit sich im Inneren des Menschen befindet: „Den Gehalt in deinem Busen und die Form in deinem Geist." (5. Strophe, 7. und 8. Vers). Der Busen könnte hier als ein anderes Wort für die Seele und der Geist als ein Synonym für den Verstand verwendet worden sein. Und genau in diesen beiden ist die Dauer zu finden.

Betrachtet man den Erkenntnisweg des lyrischen Ichs, kristallisiert es sich heraus, dass es – salopp gesagt – nach dem Ausschlussverfahren arbeitet. Zuerst sucht das lyrische Ich im Äußeren, im Körperlichen nach der Unvergänglichkeit, welche seinem erwünschten Ziel entspricht. Dort findet es jedoch zu seinem Bedauern immer nur das Vergängliche – also genau das Gegenteil von dem, was es sich zu finden erhofft hatte. Nachdem das lyrische Ich in jeder der ersten vier Strophen scheitert, sein Ziel zu erreichen, setzt es sein so genanntes Weltwissen und seine persönliche Erfahrung ein und sucht nun deshalb im genau gegenteiligen *Gebiet*: im Inneren des Menschen. Wenn es genau zwei Bestandteile gibt, die in den gleichen semantischen Bereich gehören und etwas Gegenteiliges darstellen (hier: Vergänglichkeit und Unvergänglichkeit) und man das Gesuchte nicht im *Einen* findet, so muss es ja im *Anderen* seinen Platz haben. Genau diese Verknüpfung kann nur aus unserer subjektiven Erfahrung heraus resultieren. Deshalb ist eine solche Idee auch vom Sprecher beziehungsweise vom Interpreten abhängig; es kommt darauf an, auf welches und auf wie viel Weltwissen er zurückgreifen kann. Zur Erkenntnis, dass das Unvergängliche nicht in der Natur, im Körper oder in den Städten – also in allem Äußeren – zu finden ist, gelangt das lyrische Ich nur mittels der im Leben gesammelten Erfahrung: es weiß, dass der Frühling vom Sommer verdrängt wird; es weiß, dass der Körper altert und es weiß auch, dass sich die subjektive Sicht des Einzelnen ständig ändert. Dieses Wissen beruht allein auf der persönlichen Erfahrung, die sich auf die Hermeneutik bezieht und nicht auf allgemeingültigen Gesetzmäßigkeiten, wie wir sie in der Metasprache finden.

Zurück zum Gedicht: Das lyrische Ich ist nun an seinem erwünschten und ersehnten Ziel angekommen, was es jubelnd verkündet. Die Freude darüber ist so groß, dass es sich bei einer höheren Macht bedankt. Der Dank bezieht sich darauf, dass es auch einen sicheren Platz für die Dauer gibt und nicht nur einen für die Vergänglichkeit. Dem lyrischen Ich erscheint in seiner Euphorie der Wechsel nicht mehr so dramatisch, weil es ja die Gewissheit der Existenz des Unvergänglichen hat. Zwar ist das Vergängliche des Äußerlichen immer noch gegenwärtig, aber durch die Sicherheit, das Unvergängliche – die Dauer – in sich zu tragen, verliert die Vergänglichkeit – der Wechsel – an Bedeutung.

Im gesamten Gedicht überwiegt auf den ersten Blick – aber nur auf den ersten – das Thema der Vergänglichkeit, was ihm einen eher verdrießlichen und negativen Ausdruck verleiht. Dieser erste Eindruck kann dem Leser nicht verübelt werden, da in den Strophen eins bis vier fast ausschließlich der unwiderrufliche Wechsel in Bezug auf das Äußerliche, das Körperliche fokussiert wird. Einige Beispiele: „Ach, nur e i n e Stunde fest", „Bald wird Sturm auch das zerstreuen", „Diese fangen an zu reifen, und die andern keimen schon",

„Ändert sich dein holdes Tal", „Weggeschwunden ist die Lippe", „Und so eilt's zum Element". Der Dauer hingegen wird nur eine Strophe – die letzte – gewidmet, was die Waage als sehr unausgeglichen dastehen lässt. Ein erster Schritt in Richtung des Zieles der *gleichvollen Waagschalen* ist die Feststellung, dass Goethe der Dauer, indem er sie in der letzten Strophe – die dem Leser am längsten in Erinnerung bleiben soll – behandelt, eine besondere Stellung verleiht. Diese letzte Strophe bildet den Höhepunkt des Gedichtes, was schön am enthusiastischen Tonfall und somit – wie bereits erwähnt – am Rhythmus verdeutlicht wird. Daran sieht man, dass der Dichter der Dauer, die ja im Inneren, im Geistigen des Menschen seinen Platz hat, genauso viel Bedeutung beimisst als dem zuvor behandelten Wechsel, der im Äußerlichen wohnt.

Um das *Waagschalen – Problem* ganz aufzulösen, ist ein Blick auf die sprachliche Ebene von Nöten: Allgemein festzustellen ist, dass Goethes Gedicht aus fünf Strophen mit jeweils acht Versen besteht. Auffallend ist der regelmäßige Aufbau, der sich streng über alle Strophen hinweg durchsetzt. Hebungen und Senkungen wechseln sich durchgängig ab, die Versform ist also alternierend. Jeweils vier Silben werden betont, sodass sich vierhebige Verse im Trochäus herauskristallisieren. Das Alternierende verleiht dem Gedicht einen ruhigen und regelmäßigen Klang. Wenn etwas regelmäßig ist, deutet das auf etwas Andauerndes und auf eine gewisse Stetigkeit hin. Es wird also unterschwellig auf die auf den ersten Blick im Gedicht *vernachlässigte* Dauer hingewiesen. Interessant ist jedoch, dass eine Regelmäßigkeit nur aus zwei Komponenten entstehen kann, das heißt, ein Wechsel integriert sein muss. Sprachlich gesehen geht es hier um die Komponente der Hebung beziehungsweise der Betontheit und um die der Senkung beziehungsweise der Unbetontheit. Wechselt man diese beiden Phänomene regelmäßig ab, so entsteht eine Dauer. So haben wir sprachlich also – konträr zur Überschrift – den Wechsel in der Dauer integriert. Genauso verhält es sich mit dem Reimschema. Im vorliegenden Gedicht haben wird das Schema des Kreuzreims (abab). Innerhalb dieses Reims gibt es den Wechsel von ´Reim a´ zu ´Reim b´. Gleichzeitig jedoch – durch diese strenge Regelmäßigkeit der Abwechslung – eine *Stetigkeit des Wechsels*. In der Überschrift wird die Dauer in den Wechsel integriert; dies entspricht der Inhaltsebene. Auf der sprachlichen Ebene wird der Wechsel in die Wiege Dauer hineingelegt. So bringt Goethe sowohl den Wechsel als auch die Dauer zu gleichen Teilen in seinem Gedicht unter, sodass sie sich die Waage halten. Somit ist das angesprochene *Problem* gelöst: Goethe misst der Dauer in sprachlicher Sicht große Bedeutung bei, wobei er den Wechsel inhaltlich großschreibt.

Ganz deutlich wird die Lösung des *Problems* auch mit der nochmals aufgefassten Erkenntnis des lyrischen Ichs, die Thema der fünften Strophe ist: Unser Leben besteht aus dem Äußerlichen, das den Wechsel und das Vergängliche darstellt und ebenso aus unserem Inneren, das die Dauer und das Unvergängliche symbolisiert – und nur aus beidem zusammen kann unser Dasein – gleich einer wunderbaren Knospe – sprießen!

3. ANHANG: Einbezug der Hermeneutik

3a) Vergleich des Erkenntnisweges im Gedicht mit dem der wissenschaftlichen
Hermeneutik

Das hermeneutische Verstehen, welches auch als Weltwissen bezeichnet wird, ist die so
genannte *Lehre vom Verstehen*. Jürgen Habermas nennt dieses Verstehen auch Erfahrung.
Den Gegensatz zur Hermeneutik bildet die Metasprache. Das hermeneutische Verstehen ist
Gegenstand der Geisteswissenschaften, wohingegen die Metasprache im Gebiet der
Naturwissenschaften und der Mathematik gebraucht wird. „Hermeneutik ist die Form der
Erfahrung und der grammatischen Analyse zugleich."[1] Weiter meint Habermas, dass sich das
hermeneutische Verstehen die individuelle Lebenserfahrung vollständig zu eigen mache,
jedoch sich den allgemeinen Kategorien der Sprache anpassen müsse. Ein wichtiges Element
der Hermeneutik ist der **hermeneutische Zirkel**. Dieser ist ein gängiges Instrument, das der
Erkenntniserlangung dient. Laut Habermas ergibt sich dieser *scheinbare Zirkel* nur deshalb,
weil die Gegenstände der Geisteswissenschaft einen *Doppelstatus* genießen würden. Von
einem *Doppelstatus* sei die Rede, da die objektivierten (beispielsweise in Worten) – also
verdinglichten – Bedeutungsgehalte sowohl *Symbole* als auch *Tatsachen* seien. Aus diesem
Grund müsse das *Verstehen* die sprachliche Analyse mit der *Erfahrung* verbinden.

Kommen wir zum hermeneutischen Zirkel selbst: Hat man einen noch nie zuvor gesehenen
Text vor sich und liest diesen, gelangt man so zuerst zum „vorverstandenen 'Ganzen'"[2], dem
ersten Eindruck. Dieser wird später entweder erweitert, widerlegt oder in seltenen Fällen
immer noch als richtig angesehen. Zur Erweiterung, Widerlegung oder zum Ergebnis, dass
der erste Eindruck richtig war, gelangt man durch die Interpretation der 'Teile'.[3]Dieser erste
Eindruck greift bereits am Anfang auf das Ergebnis des gesamten Interpretationsvorganges
vor.[4]Die Elemente und das Vorverständnis gehören nach Habermas' Text demselben
Sprachsystem an, man nimmt demnach keine Stufenrelation an, sondern eine Beziehung
zwischen Teil und Ganzem. Zwischen dem Erkenntnisweg im Gedicht und dem der
wissenschaftlichen Hermeneutik gibt es große Ähnlichkeiten. Sowohl die Hermeneutik als
auch der im Gedicht beschriebene Weg zum Ziel sind von einem Erkenntnisinteresse geleitet.
Goethe lässt das lyrische Ich schon vorab so gut wie sicher sein, dass es die

---

[1]Jürgen Habermas: Selbstreflexion der Geisteswissenschaften: Die historische Sinnkritik. In: Dorothee
Kimmich/Rolf G. Renner/Bernd Stiegler: Texte zur Literaturtheorie der Gegenwart. Stuttgart 2008, S. 114.
[2] Ebd., S. 120.
[3] Ebd., S. 120.
[4] Ebd., S. 121.

Unvergänglichkeit nicht gibt, was die anfangs sehr negative Stimmung verrät. Dies meint das lyrische Ich aus seiner subjektiven Lebenserfahrung heraus zu wissen. Das ist wohl sein Vorverständnis beziehungsweise sein Vorwissen zum Thema der Dauer und des Wechsels. Es scheint, als ob es diesen ersten Eindruck in den ersten vier Strophen *auseinander nimmt* und interpretiert. Dadurch kommt das lyrische Ich erst zur Erkenntnis, dass es noch etwas außer der Veränderlichkeit gibt, nämlich die still erhoffte Unveränderlichkeit, die Dauer. Mit dieser Interpretation des ersten Eindrucks lässt Goethe das lyrische Ich mit dem Erkenntnisweg der Hermeneutik arbeiten. Es interpretiert die Teile mit seinem vorverstandenen Ganzen und gelangt so zur weiterentwickelten Auslegung des Themas. Im speziellen Fall widerlegt das lyrische Ich seinen ersten Eindruck – jedoch nur teilweise: es ist sich nach wie vor sicher, dass das Vergängliche eine große Rolle im Dasein spielt, aber es kommt dennoch zur Erkenntnis, dass das Unvergängliche ebenso unter uns weilt. So hat sich also sein Vorverständnis zum Positiven gewendet. Die Folge davon ist, dass das lyrische Ich nun ein tieferes Verständnis beziehungsweise ein reiferes Vorwissen hat. Dieses erweiterte Verständnis bildet nun die Grundlage für seine nächste *Untersuchung* oder *Forschung*, die wiederum im Rahmen des hermeneutischen Erkenntnisweges durchgeführt werden wird. In diese wird das lyrische Ich schon auf einer durchaus höheren Stufe des Verstehens einsteigen. So beginnt die Prozedur wieder von vorne – der Kreis hat sich geschlossen.

3b) Vergleich des *eigenen* Vorgehens mit dem Erkenntnisweg wissenschaftlicher Hermeneutik

Ich selbst habe es bei meinem Interpretationsversuch von Goethes Gedicht der Hermeneutik gleichgetan und habe mich vom Erkenntnisinteresse leiten lassen. Mein Ziel war es, die Erkenntnis des lyrischen Ichs erkennen und begreifen zu können. Zuerst verschaffte ich mir einen groben Überblick über das Ganze, welcher bei mir automatisch einen ersten Eindruck – das Vorverständnis – entstehen ließ. Insofern arbeitete ich zufälligerweise und ganz von selbst nach dem Erkenntnisweg wissenschaftlicher Hermeneutik. Im nächsten Schritt widmete ich meine Aufmerksamkeit jeder einzelnen Strophe, untersuchte also die Teile des Ganzen. Mit dieser Interpretation der Teile ließ sich mein erster Eindruck widerlegen. Anfangs ging ich von einem melancholischen Gedicht, das nur mit Negativem arbeitet, aus und übersah völlig das *gute Ende* des Gedichtes. Umso mehr ich mich jedoch mit den Teilen des Gedichtes beschäftigte, desto klarer wurde mir, dass mir das lyrische Ich die Erkenntnis des Positiven vermitteln möchte. Mein Vorverständnis sagte mir das krasse Gegenteil und deshalb

11

überraschte mich meine spätere Erkenntnis umso mehr. So kann ich nun in Zukunft mit meinem etwas erweiterten Verständnis, welches nun meine *neue Grundlage* bildet, besser beziehungsweise mit reiferem Vorwissen in die Interpretation von Gedichten einsteigen und diese wiederum nach dem Erkenntnisweg der Hermeneutik durchführen und dadurch mein Verständnis noch mehr *reifen lassen.*

4. Primär- und Sekundärliteratur

Primärliteratur:

„Dauer im Wechsel" von Johann Wolfgang von Goethe

Sekundärliteratur:

Jürgen Habermas: Selbstreflexion der Geisteswissenschaften: Die historische Sinnkritik. In: Dorothee Kimmich/Rolf G. Renner/Bernd Stiegler: Texte zur Literaturtheorie der Gegenwart. Stuttgart 2008.